儒林外史

清·吴敬梓著

五册

黄山書社

儒林外史第十七回

匡秀才重遊舊地　趙醫生高踞詩壇

話說匡太公自從兒子上府去考尿屎仍舊在牀上他去了二十多日就如去了兩年的一般每日眼淚汪汪望着門外那日向他老奶奶說道第二个去了這些時總不回來不知他可有福氣掙着進一个學這早晚我若死了就不能看見他在跟前送終說着又哭了老奶奶勸了一回忽聽門外一片聲打的響一个兇神的人趕着他大兒子打了來說在集上趕集占了他擺攤子的窩子匡大又不服氣紅着眼那人亂叫那人把匡大担子奪了下來那些零零碎碎東西撒了一地筐子都踢壞了匡大要拉他見官口裏說道縣主老爺現同我家老二相與我怕你麼我同你回老爺去太公聽得忙叫他進來吩咐道快不要如此我是个良善人家從不曾同人口舌經官動府況且占了他攤子原是你不是央人替他好好說不要吵鬧帶累我不

安他那裏肯聽氣狠狠的又出去吵鬧吵的鄰居都來圍着看也有拉的也有勸的正鬧着潘保正走來了把那人說了幾聲那人嘴纔軟了保正又道匡大哥你還不把你的東西拾在担子裏挐回家去哩匡大一頭駡着一頭拾東西只見大路上兩个人手裏拿着紅紙帖子走來問道這裏有一个姓匡的麽保正認得是學裏門斗說道好了匡二相公恭喜進了學了便道匡大哥快領二位去同你老爹說匡大東西纔

拾完在担子裏挑起担子領兩个門斗來家那人也是保正勸回去了門斗進了門見匡太公睡在床上道了恭喜把報帖升貼起來上寫道捷報貴府相公匡諱迥蒙提學御史學道大老爺取中樂清縣第一名入泮聯科及第本學公報太公歡喜叫老奶奶燒起茶來把匡大担子裏的糖和豆腐干裝了兩盤又煮了十來个雞子請門斗喫着潘保正又拿了十來个雞子來賀喜一總煮了出來留着潘老爹陪門斗吃飯

飯罷太公拏出二百文來做報錢門斗嫌少太公道我乃赤貧之人又遭了回祿小兒的事勞二位來這些須當甚麼權爲一茶之敬潘老爹又說了一番添了一百文門斗去了直到四五日後匡超人送過宗師纔回家來穿着衣巾拜見父母嫂子是因回祿後就住在娘家去了此時只拜了哥哥他哥見他中了个相公比從前更加親熱些潘保正替他約齊了分子擇个日子賀學又借在庵裏擺酒此番不同共收了二十多吊錢宰了兩个猪和些雞鴨之類吃了兩三日酒和尚也來奉承匡超人同太公商議不磨豆腐了把這剩下來的十幾吊錢把與他哥又租了兩間屋開个小雜貨店嫂子也接了回來也不分在兩處吃了每日尋的錢家裏盤纏忙過幾日匡超人又進城去謝知縣知縣此番便和他分庭抗禮留着吃了酒飯叫他拜做老師事畢回家學裏那兩个門斗又下來到他家說話他請了潘老爹來陪門斗說學裏老爺要

傳匡相公去見還要進見之禮匡超人惱了道我只認得我的老師他這教官我去見他做甚麼有甚麼進見之禮潘老爹道二相公你不可這樣說了我們縣裏老爺雖是老師是你拜的老師這是私情這學裏老師是朝廷制下的專管秀才你就中了狀元這老師也要認的怎麼不去見你是个寒士進見禮也不好爭每位封兩錢銀子去就是了當下約定日子先打發門斗回去到那日封了進見禮去見了學師回來

太公又吩咐買个牲醴到祖上墳去拜奠那日上墳回來太公覺得身體不大爽利從此病一日重似一日吃了藥也再不得見效飯食也漸漸少的不能吃了匡超人到處求神問卜凶多吉少同哥哥商議把自己向日那幾兩本錢替太公備後事店裏照舊不動當下買了一具棺木做了許多布衣合着太公的頭做了一頂方巾預備停當太公淹淹在床一日昏聵的狠一日又覺得明白些那日太公自知不濟叫兩个兒

子都到跟前吩咐道我這病犯得拙了眼見得望天的日子遠入地的日子近我一生是个無用的人一塊土也不曾丟給你們兩間房子都没有了第二的僥倖進了一个學將來讀讀書會上進一層也不可知但功名到底是身外之物德行是要緊的我看你在孝弟上用心極是難得却又不可因後來日子畧過的順利些就添出一肚子裏的勢利見識來改變了小時的心事我死之後你一滿了服就急急的要尋一

頭親事總要窮人家的兒女萬不可貪圖富貴攀高結貴你哥是个混賬人你要到底敬重他和奉事我的一樣纔是兄弟兩个哭着聽了太公瞑目而逝合家大哭起來匡超人呼天搶地一面安排裝殮因房屋褊窄停放過了頭七將靈柩送在祖塋安葬滿庄的人都來弔孝送喪兩弟兄謝過了客匡大照常開店匡超人逢七便去墳上哭奠那一日正從墳上奠了回來天色已黑剛纔到家潘保正走來向他說道二相

公你可知道縣裏老爺壞了今日委了温州府二太爺來摘了印去了他是你老師你也該進城去看看匡超人次日換了素服進城去看纔走進城那曉得百姓要留這官鳴鑼罷市圍住了摘印的官要奪回印信把城門大白日關了鬧成一片匡超人不得進去只得回來再聽消息第三日聽得省裏委下安民的官來了要拏爲首的人又過了三四日匡超人從墳上回來潘保正迎着道不好了禍事到了匡超人道甚

麽禍事潘保正道到家去和你説當下到了匡家坐下道昨日安民的官下來百姓散了上司叫這官密訪爲頭的人已經拿了幾个衙門裏有兩个沒良心的差人就把你也密報了説老爺待你甚好你一定在內爲頭要保留是那里究杆的事如今上面還要密訪但這事那里定得他若訪出是實恐怕就有人下來拿依我的意思你不如在外府去躲避些時沒有官事就罷若有我替你維持匡超人驚得手慌脚忙説

道這是那里晦氣多承老爹相愛說信與我只是我而今那里去好潘保正道你自心裏想那處熟就往那處去匡超人道我只有杭州熟却不曾有甚相與的潘保正道你要往杭州我寫一个字與你帶去我有个房分兄弟行三人都叫他潘三爺現在布政司裏充吏家裏就在司門前山上住你去尋着了他凡事叫他照應他是个極慷慨的人不得錯的匡超人道既是如此費老爹的心寫下書子我今晚就走纔好當下潘老爹一頭寫書他一面囑咐哥嫂家裏事務灑淚拜別母親拴束行李藏了書子出門潘老爹送上大路回去匡超人背着行李走了幾天旱路到溫州搭船那日没有便船只得到飯店權宿走進飯店見裏面點着燈先有一个客人坐在一張桌子上面前擺了一本書在那裏靜靜的看匡超人看那人時黃瘦面皮稀稀的幾根鬍子那人看書出神又是个近視眼不曾見有人進來匡超人走到跟前請教了一聲老

客拱一拱手那人纔立起身來爲禮青絹直身瓦楞帽子像个生意人模樣兩人敘禮坐下匡超人問道客人貴鄉尊姓那人道在下姓景寒舍就在這五十里外因有个小店在省城如今往店裏去因無便船權在此住一夜看見匡超人戴着方巾知道他是秀才便道先生貴處那里尊姓台甫匡超人道小弟賤姓匡字超人敝處樂清也是要往省城沒有便船那景客人道如此甚好我們明日一同上船各自睡下次日

早去上船兩人同包了一个頭艙上船放下行李那景客人就拏出一本書來看匡超人初時不好問他偷眼望那書上圈的花花碌碌是些甚麼詩詞之類到上午同吃了飯又拏出書來看看一會又閑坐着吃茶匡超人問道昨晚請教老客說有店在省城却開的是甚麼寶店景客人道是頭巾店匡超人道老客既開寶店却看這書做甚麼景客人笑道你道這書單是戴頭巾做秀才的會看麼我杭城多少名士都是

不講八股的不瞞匡先生你說小弟賤號叫做景蘭江各處詩選上都刻過我的詩今已二十餘年這些發過的老先生但到杭城就要同我們唱和因在艙內開了一个箱子取出幾十个斗方子來遞與匡超人道這就是拙刻正要請教匡超人自覺失言心裏慚愧接過詩來雖然不懂假做看完了瞎贊一回景蘭江又問恭喜入泮是那一位學臺匡超人道就是現在新任宗師景蘭江道新學臺是湖州魯老先生同年

魯老先生就是小弟的詩友小弟當時聯句的詩會楊執中先生權勿用先生嘉興蘧太守公孫駪夫還有婁中堂兩位公子三先生四先生都是弟們文字至交可惜有位牛布衣先生只是神交不曾會面匡超人見他說這些人便問道杭城文瀚樓選書的馬二先生諱叫做靜的先生想也相與景蘭江道那是做時文的朋友雖也認得不算相與不瞞先生說我們杭城名壇中倒也沒有他們這一派却是有幾个同調

的人將來到省可以同先生相會匡超人聽罷不勝駭然同他一路來到斷河頭船近了岸正要搬行李景蘭江站在船頭上只見一乘轎子歇在岸邊轎裏走出一个人來頭戴方巾身穿寶藍直裰手裏搖着一把白紙詩扇扇柄上拴着一个方象牙圖書後面跟着一个人背了一个藥箱那先生下了轎正要進那人家去景蘭江喊道趙雪兄久違了那里去那趙先生回過頭來吽一聲哎呀原來是老弟幾時來的景蘭

江道纔到這里行李還不曾上岸因回頭望着艙裏道匡先生請出來這是我最相好的趙雪齋先生請過來會會匡超人出來同他上了岸景蘭江吩附船家把行李且搬到茶室裏來當下三人同作了揖同進茶室趙先生問道此位長兄尊姓景蘭江道這位是樂清匡先生同我一船來的彼此謙遜了一回坐下泡了三碗茶來趙先生道老弟你爲甚麽就去了這些時叫我終日盼望景蘭江道正是爲些俗事纏着這

些時可有詩會麽趙先生道怎麽没有前月中翰顧老先生來天竺進香邀我們同到天竺做了一天的詩通政范大人告假省墓船只在這里住了一日還約我們到船上拈題分韻着實擾了他一天御史荀老先生來打撫臺的秋風丟着秋風不打日日邀我們到下處做詩這些人都問你現今胡三公子替湖州魯老先生徵輓詩送了十幾个斗方在我那里我打發不清你來得正好分兩張去做說着吃了茶問這位

匡先生想也在庠是那位學臺手里恭喜的景蘭江道就是現任學臺趙先生微笑道是大小兒同案吃完了茶趙先生先别看病去了景蘭江問道匡先生你而今行李發到那里去匡超人道如今且攏文瀚樓景蘭江道也罷你攏那里去我且到店里我的店在豆腐橋大街上金剛寺前先生閒着到我店裏來談說罷叫人挑了行李去了匡超人背着行李走到文瀚樓問馬二先生已是回處州去了文瀚樓主人認的

他留在樓上住次日拏了書子到司前去找潘三爺進了門家人回道三爺不在家前幾日奉差到台州學道衙門辦公事去了匡超人道幾時回家家人道纔去怕不也還要三四十天功夫匡超人只得回來尋到豆腐橋大街景家方巾店裏景蘭江不在店內問左右店鄰店鄰説道景大先生麽這樣好天氣他先生正好到六橋探春光尋花問柳做西湖上的詩絕好的詩題他怎肯在店裏坐着匡超人見問不着只得轉身又走走過兩條街遠遠望見景先生同着兩个戴方巾的走匡超人相見作揖景蘭江指着那一个麻子道這位是支劍峰先生指着那一个鬍子道這位是浦墨卿先生都是我們詩會中領袖那二人問此位先生景蘭江道這是樂清匡超人先生匡超人道小弟方纔在寶店奉拜先生恰值公出此時裏往那去景先生道無事閒遊又道良朋相過豈可分途何不到旗亭小飲三杯那兩位道最好當下拉了匡超人

同進一个酒店揀一副坐頭坐下酒保來問要甚麼菜景蘭江叫了一賣一錢二分銀子的雜膾兩碟小吃那小吃一樣是炒肉皮一樣就是黃豆芽拏上酒來支劍峰問道今日何以不去訪雪兄浦墨卿道他家今日請一位出奇的客支劍峰道客罷了有甚麼出奇浦墨卿道出奇的緊哩你滿飲一杯我把這段公案告訴你當下支劍峰斟上酒二位也陪着吃了浦墨卿道這位客姓黃是戊辰的進士而今選了我這寧

波府鄞縣知縣他先年在京裏同楊執中先生相與楊執中却和趙爺相好因他來浙就寫一封書子來會趙爺趙爺那日不在家不曾會景蘭江道趙爺官府來拜的也多會不着他也是常事浦墨卿道那日眞正不在家次日趙爺去回拜會着彼此叙說起來你道奇也不奇衆人道有甚麼奇處浦墨卿道那黃公竟與趙爺生的同年同月同日同時衆人一齊道這果然奇了浦墨卿道還有奇處趙爺今年五十九歲兩

个兒子四个孫子老兩个夫妻齊眉只却是个布衣黃公中了一个進士做任知縣却是三十歲上就斷了絃夫人沒了而今兒花女花也無支劍峰道這果然奇同一个年月日時一个是這般境界一个是那般境界判然不合可見五星子平都是不相干的說着又吃了許多的酒浦墨卿道三位先生小弟有个疑難在此諸公大家參一參比如黃公同趙爺一般的年月日時生的一个中了進士却是孤身一人一个却

是子孫滿堂不中進士這兩个人還是那一个好我們還是願做那一个三位不曾言語浦墨卿道這話讓匡先生先說匡先生你且說一說匡超人道二者不可得兼依小弟愚見還是做趙先生的好衆人一齊拍手道有理有理浦墨卿道讀書畢竟中進士是个了局趙爺各樣好了倒底差一个進士不但我們說就是他自已心裏也不快活的是差着一个進士而今又想中進士又想像趙爺的全福天也不肯雖然世

問也有這樣人但我們如今既設疑難若只管說要合做兩个人就沒的難了如今依我的主意只中進士不要全福只做黃公不做趙爺可是麽支劍峰道不是這樣說趙爺雖差着一个進士而今他大公郎已經高進了將來名登兩榜少不得封誥乃尊難道兒子的進士當不得自已的進士不成浦墨卿笑道這又不然先年有一位老先生兒子已做了大位他還要科舉後來黜名監臨不肯收他他把卷子摜在地下

恨道爲這个小畜生累我戴个假紗帽這樣看來兒子的倒底當不得自已的景蘭江道你們都說的是隔壁賬都斟起酒來滿滿的吃三杯聽我說支劍峰道說的不是怎樣景蘭江道說的不是倒罰三杯衆人道這沒的說當下斟上酒吃着景蘭江道衆位先生所講中進士是爲名是爲利衆人道是爲名景蘭江道可知道趙爺雖不曾中進士外邊詩選上刻着他的詩幾十處行徧天下那个不曉得有个趙雪齋先生

只怕比進士享名多着哩說罷哈哈大笑衆人都一齊道這果然說的快暢一齊乾了酒匡超人聽得纔知道天下還有這一種道理景蘭江道今日我等雅集即拈樓字爲韵回去都做了詩寫在一个紙上送在匡先生下處請教當下同出店來分路而别只因這一番有分教交遊添氣色又結婚姻文字發光芒更將進取不知後事如何且聽下回分解

是書之用筆千變萬化未可執一端以言其

妙如寫女子小人輿儓阜隷莫不盡態極妍至于斗方名士七律詩翁尤爲題中之正面豈可不細細爲之寫照上文如楊執中權勿用等人繪聲繪影能令閱者拍案叫絶以爲鑄鼎象物至此眞無以加矣而孰知寫到趙景諸人又另換一副筆墨絲毫不與楊權諸人同建章宫中千門萬户文筆奇詭何以異兹

司馬君實云好好一个老實蒼頭被東坡教

壞了匡超人之為人學問既不深性氣又未定假使平生所遇皆馬二先生輩或者不至斗然變為勢利心之人無如一出門即遇見景趙諸公雖欲不趨于勢利寧可得乎蓬生麻中不扶自直苟為素絲未有不遭染者也余見人家少年子弟略有幾分聰明隨口謅幾句七言律詩便要納交幾个斗方名士以為藉此通聲氣吾知其畢生斷無成就時也何也斗方名士自已不能富貴而慕人之富貴自已絕無功名而羨人之功名大則為雞鳴狗吠之徒小則受殘杯冷炙之苦人間有个活地獄正此輩當之而尤欣欣然自命為名士豈不悲哉

儒林外史第十八回

約詩會名士攜匡二　訪朋友書店會潘三

話說匡超人那晚吃了酒回來寓處睡下次日清晨文瀚樓店主人走上樓來坐下道先生而今有一件事相商匡超人問是何事主人道目今我和一个朋友合本要刻一部考卷賣要費先生的心替我批一批又要批的好又要批的快合共三百多篇文章不知要多少日子就可以批得出來我如今扣着日子好發與山東河

南客人帶去賣若出的遲山東河南客人起了身就悞了一覺睡這書刻出來封面上就刻先生的名號還多寡有幾兩選金和幾十本樣書送與先生不知先生可趕的來匡超人道大約是幾多日子批出來方不悞事主人道須是半个月內有的出來覺得日子寬些不然就是二十天也罷了匡超人心裏算計半个月料想還做的來當面應承了主人隨即搬了許多的考卷文章上樓來午間又備了四樣菜請先生坐

坐說發樣的時候再請一回出書的時候又請一回平常每日就是小菜飯初二十六跟着店裏吃牙祭肉茶水燈油都是店裏供給匡超人大喜當晚點起燈來替他不住手的批就批出五十篇聽聽那樵樓上纔交四皷匡超人喜道像這樣那里要半个月吹燈睡下次早起來又批一日搭半夜總批得七八十篇到第四日正在樓上批文章忽聽得樓下叫一聲道匡先生在家麼匡超人道是那一位忙走下樓來見是景蘭江手裏拿着一个斗方捲着見了作揖道候遲有罪匡超人把他讓上樓去他把斗方放開在桌上說道這就是前日讌集限樓字韻的同人已經寫起斗方來趙雪兄看見因未得與不勝悵悵因照韻也做了一首我們要讓他寫在前面只得又各人寫了一回所以今日纔得送來請教匡超人見題上寫着暮春旗亭小集同限樓字每人一首詩後面排着四个名字是趙潔雪齋手稿景本蕙蘭江手稿支鍔劍峰手

稿浦玉方墨卿手稿看見紙張白亮圖書鮮紅真覺可愛就拏來帖在樓上壁間然後坐下匡超人道那日多擾大醉回來晚了景蘭江道這幾日不曾出門匡超人道因主人家託着選幾篇文章要替他趕出來發刻所以有失問候景蘭江道這選文章的事也好今日我同你去會一个人匡超人道是那一位景蘭江道你不要管快換了衣服我同你去便知當下換了衣服鎖了樓門同下來走到街上匡超人道如今往

那里去景蘭江道是我們這里做過冢宰的胡老先生的公子胡三先生他今朝小生日同人都在那里聚會我也要去祝壽故來拉了你去到那里可以會得好些人方纔斗方上幾位都在那里匡超人道我還不會拜過胡三先生可要帶个帖子去景蘭江道這是要的一同走到香蠟店買了个帖子在櫃臺上借筆寫着晚生匡迥拜寫完籠着又走景蘭江走着告訴匡超人道這位胡三先生雖然好客却是个膽小不

過的人先年冢宰公去世之後他關着門總不敢見一个人動不動就被人騙一頭說也沒處說落後這幾年全虧結交了我們相與起來替他幫門户纔熱鬧起來沒有人敢欺他匡超人道他一个冢宰公子怎的有人敢欺景蘭江道冢宰麽是過去的事了他眼下又沒人在朝自己不過是个諸生俗語說得好死知府不如一个活老鼠那个理他而今人情是勢利的倒是我這雪齋先生詩名大府司院道現任的官員

那一个不來拜他人只看見他大門口今日是一把黃傘的轎子來明日又是七八个紅黑帽子吆喝了來那藍傘的官不算就不由的不怕所以近來人看見他的轎子不過三日兩日就到胡三公子家去就疑猜三公子也有些勢力就是三公子那門首住房子的房錢也給得爽利些胡三公子也還知感正說得熱鬧街上又遇着兩个方巾濶服的人景蘭江迎着道二位也是到胡三先生家拜壽去的却還要約那位

向那頭走那兩人道就是來約長兄旣遇着一同行罷因問此位是誰景蘭江指着那兩人向匡超人道這位是金東崖先生這位是嚴致中先生指着匡超人向二位道這是匡超人先生四人齊作了一个揖一齊同走走到一个極大的門樓知道是冢宰第了把帖子交與看門的看門的說請在廳上坐匡超人舉眼看見中間御書匾額中朝柱石四个字兩邊楠木椅子四人坐下少頃胡三公子出來頭戴方巾身穿醬

色緞直裰粉底皁靴三綹髭鬚約有四十多歲光景三公子着實謙光當下同諸位作了揖諸位祝壽三公子斷不敢當又謝了諸位奉坐金東崖首坐嚴致中二坐匡超人三坐景蘭江是本地人同三公子坐在主位金東崖向三公子謝了前日的擾三公子向嚴致中道一向駕在京師幾時到的嚴致中道前日纔到一向在都門敝親家國子司業周老先生家做居停因與通政范公日日相聚今通政公告假省墓約弟

同行順便返舍走走胡三公子道通政公寓在那里嚴貢生道通政公在船上不曾進城不過三四日即行弟因前日進城會見雪兄說道三哥今日壽日所以來奉祝叙叙闊懷三公子道匡先生幾時到省貴處那里寓在何處景蘭江代答道貴處樂清到省也不久是和小弟一船來的現今寓在文瀚樓選歷科考卷三公子道久仰久仰說着家人捧茶上來吃了三公子立起身來讓諸位到書房裏坐四位走進書房見上面席間先坐着兩个人方巾白鬚大模大樣見四位進來慢慢立起身嚴貢生認得便上前道衛先生隨先生都在這里我們公揖當下作過了揖請諸位坐那衛先生隨先生也不謙讓仍舊上席坐了家人來稟三公子又有客到三公子出去了這里坐下景蘭江請教二位先生貴鄉嚴貢生代答道此位是建德衛體善先生乃建德鄉榜此位是石門隨岑庵先生是老明經二位先生是浙江二十年的老選家選的文

章衣被海內的景蘭江着實打躬道其仰慕之意那兩个先生也不問諸人的姓名隨岑庵却認得金東崖是那年出貢到京到監時相會的因和他攀話道東翁在京一別又是數年因甚回府來走走想是年滿授職也該榮選了金東崖道不是近來部裏來投充的人也甚雜又因司官王惠出去做官降了寧王後來朝裏又拿問了劉太監常到部裏搜剔卷案我怕在那裏久惹是非所以就告假出了京來說着捧出麵來吃了吃過那衛先生隨先生閒坐着談起文來衛先生道近來的選事益發壞了隨先生道正是前科我兩人該選一部誤作一番衛先生估着眼道前科沒有文章匡超人忍不住上前問道請教先生前科墨卷到處都有刻本的怎的沒有文章衛先生道此位長兄尊姓景蘭江道這是德清匡先生衛先生道所以說沒有文章者是沒有文章的法則匡超人道文章既是中了就是有法則了難道中式之外又另有个

法則衛先生道長兄你原來不知文章是代聖
賢立言有的一定的規矩比不得那些雜覽可
以隨手亂做个所以一篇文章不但看出這本
人的富貴福澤並看出國運的盛衰洪永有洪
永的法則成弘有成弘的法則都是一脈流傳
有个元燈比如主考中出一榜人來也有合法
的也有僥倖的必定要經我們選家批了出來
這篇就是傳文了若是這一科無可入選只叫
做沒有文章隨先生道長兄所以我們不怕不

中只是中了出來這三篇文章要見得人不醜
不然只算做僥倖一生抱愧又問衛先生道近
來那馬靜選的三科程墨可曾看見衛先生道
正是他把个選事壞了他在嘉興蘧坦庵太守
家走動終日講的是些雜學聽見他雜覽到是
好的于文章的理法他全然不知一味亂鬧好
墨卷也被他批壞了所以我看見他的選本叫
子弟把他的批語塗掉了讀說着胡三公子同
了支劍峰浦墨卿進來擺桌子同吃了飯一直

到晚不得上席要等着趙雪齋等到一更天趙先生抬着一乘轎子又兩个轎夫跟着前後打着四枝火把飛跑了來下了轎同衆人作揖道及得罪有累諸位先生久候胡府又來了許多親戚本家將兩席改作三席大家圍着坐了席散各自歸家匡超人到寓所還批了些文章纔睡屈指六日之內把三百多篇文章都批完了就把在胡家聽的這一席話敷衍起來做了个序文在上又還偷着功夫去拜了同席吃酒的這幾位朋友選本已成書店裏拏去看了回來說道向日馬二先生在家兄文海樓三百篇文章要批兩个月催着還要發怒不想先生批的恁快我拏給人看說又快又細這是極好的了先生住着將來各書坊裏都要來請先生生意多哩因封出二兩選金送來說道刻完的時候還送先生五十个樣書又備了酒在樓上吃吃着外邊一个小廝送將一个傳单來匡超人接着開看是一張松江箋摺做一个全帖的樣式

上寫道謹擇本月十五日西湖宴集分韻賦詩每位各出杖頭資二星今將在會諸位先生台銜開列于後衛體善先生隨岑庵先生趙雪齋先生嚴致中先生浦墨卿先生支劍峰先生匡超人先生胡密之先生景蘭江先生共九位下寫同人公具又一行寫道尊分約齊送至御書堂胡三老爺收匡超人看見各位名下都畫了知字他也畫了隨即將遨金內秤了二錢銀子連傳单交與那小使拏去了到晚無事因想起明日西湖上須要做詩我若不會不好看相便在書店裏拏了一本詩法入門點起燈來看他是絕頂的聰明看了一夜早已會了次日又看了一日一夜拏起筆來就做做了出來覺得比壁上貼的還好些當日又看要已精而益求其精到十五日早上打選衣帽正要出門早見景蘭江同支劍峰來約三人同出了清波門只見諸位都坐在一隻小船上候上船一看趙雪齋又不會到內中却不見嚴貢生因問胡三公子

道嚴先生怎的不見三公子道他因范通政昨日要開船他把分子送來已經回廣東去了當下一上了船在西湖裏搖着浦墨卿問三公子道嚴大先生我聽見他家爲立嗣有甚麽家難官事所以到處亂跑而今不知怎樣了三公子道我昨日問他的那事已經平復仍舊立的是他二令郎將家私三七分開他令弟的妾自分了三股家私過日子這个倒也罷了一刻到了花港衆人都倚着胡公子走上去借花園吃酒

胡三公子走去借那里竟關着門不肯胡三公子發了急那人也不理景先生拉那人到背地裏問那人道胡三爺是出名的慳吝他一年有幾席酒照顧我我奉承他況且他去年借了這裏擺了兩席酒一个錢也没有去的時候他也不叫人掃掃還說煮飯的米剩下兩升叫小厮背了回去這樣大老官鄉紳我不奉承他一席話說的没法衆人只得一齊走到于公祠一个和尚家坐着和尚烹出茶來分子都在胡三公

子身上三公子便拉了景蘭江出去買東西匡超人道我也跟去頑頑當下走到街上先到一个鴨子店三公子恐怕鴨子不肥拔下耳挖來戳戳脯子上肉厚方纔叫景蘭江講價錢買了因人多多買了幾斤肉又買了兩隻雞一尾魚和些蔬菜叫跟的小厮先拏了去還要買些肉饅頭中上當點心于是走進一个饅頭店看了三十个饅頭那饅頭三个錢一个三公子只給他兩个錢一个就同那饅頭店裏吵起來景蘭

江在傍勸鬧勸了一回不買饅頭了買了些索麵去下了吃就是景蘭江拏着又去買了些筍乾鹽蛋熟栗子瓜子之類以為下酒之物匡超人也幫着拏些來到廟裏交與和尚收拾支劍峰道三老爺你何不叫个廚役伺候為甚麽自已忙三公子吐舌道廚役就費了又秤了一塊銀叫小厮去買米忙到下午趙雪齋轎子纔到了下轎就叫取箱來轎夫把箱子捧到他開箱取出一个藥封來二錢四分遞與三公子收了

厨下酒菜已齊捧上來衆位吃了吃過飯拏上酒來趙雪齋道吾輩今日雅集不可無詩當下拈鬮分韻趙先生拈的是四支衛先生拈的是八齊浦先生拈的是一東胡先生拈的是二冬景先生拈的是十四寒隨先生拈的是五微匡先生拈的是十五刪支先生拈的是三江分韻已定又吃了幾杯酒各散進城胡三公子叫家人取了食盒把剩下來的骨頭骨腦和些菓子裝在裏面果然又問和尚查剩下的米共幾升

也裝起來送了和尚五分銀子的香資押家人挑着也進城去匡超人與支劍峰浦墨卿景蘭江同路四人高興一路說笑勾留頑耍進城遲了已經昏黑景蘭江道天已黑了我們快些走支劍峰已是大醉口發狂言道何妨誰不知道我們西湖詩會的名士況且李太白穿着宮錦袍夜裏還走何況纔晚放心走誰敢來正在手舞足蹈高興忽然前面一對高燈又是一對提燈上面寫的字是鹽捕分府那分府坐在轎裏

一眼看見認得是支鍔叫人採過他來問道支鍔你是本分府鹽務裏的巡商怎麽黑夜吃得大醉在街上胡鬧支劍峰醉了把脚不穩前跌後撞口裏還說李太白宮錦夜行那分府看見他戴了方巾說道衙門巡商從來沒有生監充當的你怎麽戴這个帽子左右的撾去了一條鏈子鎖起來浦墨卿走上去幫了幾句分府怒道你既是生員如何黑夜酗酒帶着送在儒學去景蘭江見不是事悄悄在黑影裏把匡超人

拉了一把往小巷內兩人溜了轉到下處打開了門上樓去睡次日出去訪訪兩人也不曾大受累依舊把分韻的詩都做了來匡超人也做了及看那衛先生隨先生的詩且夫嘗謂都寫在內其餘也就是文章批語上採下來的幾个字眼拏自己的詩比比也不見得不如他衆人把這詩寫在一个紙上共寫了七八張匡超人也貼在壁上又過了半个多月書店考卷刻成請先生那晚吃得大醉次早睡在床上只聽下

面喊道匡先生有客來拜只因會着這个人有
分教婚姻就處知爲夙世之因名譽隆時不比
時流之輩畢竟此人是誰且聽下回分解

景蘭江只知俎豆一趙雪齋蓋不啻七十子
之服孔子其識見卑鄙如此

順手帶出金東崖嚴致中兩人將上文未了
之案至此一結是何等筆力

衛體善隨岑菴老着臉皮講八股一望而知
其不通却自以爲一佛出世真可發一笑焉

純上生平最惡雜覽不料衛隨卽以雜覽之
文章交互迴環極盡羅絡鉤連之妙

胡三先生素有錢癖幸而不爲憨仙撞騙却
又喜結交斗方名士湖上一會酸氣逼人至
今讀之尤令人嘔出酸餡也

儒林外史第十八回

儒林外史第十九回

匡超人幸得良朋　潘自業橫遭禍事

話說匡超人睡在樓上聽見有客來拜慌忙穿衣起來下樓見一个人坐在樓下頭戴吏巾身穿元緞直裰脚下蝦蟆頭厚底皁靴黃鬍子高顴骨黃黒面皮一雙直眼那人見匡超人下來便問道此位是匡二相公麽匡超人道賤姓匡請問尊客貴姓那人道在下姓潘前日看見家兄書子說你二相公來省匡超人道原來就是

潘三哥慌忙作揖行禮請到樓上坐下潘三道那日二相公賜顧我不在家前日返舍看見家兄的書信極贊二相公爲人聰明又行過多少好事着實可敬匡超人道小弟來省特地投奔三哥不想公出今日會見歡喜之極說罷自己下去拏茶又託書店買了兩盤點心拏上樓來潘三正在那裏看斗方看見點心到了說道哎呀這做甚麽接茶在手指着壁上道二相公你到省裏來和這些人相與做甚麽匡超人問是

怎的潘三道這一班人是有名的獃子這姓景的開頭巾店本來有兩千銀子的本錢一頓詩做的精光他每日在店裏手拏着一个刷子刷頭巾口裏還哼的是清明時節雨紛紛把那買頭巾的和店鄰看了都笑而今折了本錢只借這做詩爲由遇着人就借銀子人聽見他都怕那一个姓支的是鹽務裏一个巡商我來家在衙門裏聽見說不多幾日他吃醉了在街上吟詩被府裏二太爺一條鏈子鎖去把巡商都革了將來只好窮的淌屎二相公你在客邊要做些有想頭的事這樣人同他混纏做甚麼當下吃了兩个點心便丢下說道這點心吃他做甚麼我和你到街上去吃飯叫匡超人鎖了門同到街上司門口一个飯店裏潘三叫切一隻整鴨膾一賣海參雜膾又是一大盤白肉都拏上來飯店裏見是潘三爺屁滾尿流鴨和肉都撿上好的極肥的切來海參雜膾加味用作料兩人先斟兩壺酒酒罷用飯剩下的就給了店

裏人出來也不算賬只吩咐得一聲是我的那店主人忙拱手道三爺請便小店知道走出店門潘三道二相公你而今往那去匡超人道正要到三哥府上潘三道也罷到我家去坐坐同着一直走到一个巷內一帶青牆兩扇半截板門又是兩扇重門進到廳上一夥人在那裏圍着一張桌子賭錢潘三罵道你這一班狗才無事便在我這裏胡鬧衆人道知道三老爹到家幾日了送幾个頭錢來與老爹接風潘三道我

那里要你甚麽頭錢接風又道也罷我有个朋友在此你們弄出幾个錢來熱鬧熱鬧匡超人要同他施禮他攔住道方纔見過罷了又作揖怎的你且坐着當下走了進去拏出兩千錢來向衆人說道兄弟們這个是匡二相公的兩千錢放與你們今日打的頭錢都是他的向匡超人道二相公你在這里坐着看着這一个管子這管子滿了你就倒出來收了讓他們再丟便拉一把椅子叫匡超人坐着他也在傍邊看看

了一會外邊走進一个人來請潘三爺說話潘三出去看時原來是開賭場的王老六潘三道老六久不見你尋我怎的老六道請三爺在外邊說話潘三同他走了出來一个僻靜茶室裏坐下王老六道如今有一件事可以發个小財一徑來和三爺商議潘三問是何事老六道昨日錢塘縣衙門裏快手拏着一班光棍在茅家鋪輪姦姦的是樂清縣大户人家逃出來的一个使女叫做荷花這班光棍正姦得好被快手拾着了來報了官縣裏王太爺把光棍每人打幾十板子放了出了差將這荷花解回樂清去我這鄉下有个財主姓胡他看上了這个了頭商量若想个方法嚇的下這个了頭來情願出幾百銀子買他這事可有个主意潘三道差人是那个王老六道是黃球潘三道黃球可曾自已解去王老六道不曾去是兩个副差去的潘三道幾時去的王老六道去了一日了潘三道黃球可知道胡家這事王老六道怎麽不知道

他也想在這裏面發幾个錢的財只是沒有方法潘三道這也不難你去約黃球來當面商議那人應諾去了潘三獨自坐着吃茶只見又是一个人慌慌張張的走了進來說道三老爹我那里不尋你原來獨自坐在這裏吃茶潘三道你尋我做甚麼那人道這離城四十里外有个鄉里人施美卿賣弟媳婦與黃祥甫銀子都兑了弟媳婦要守節不肯嫁施美卿同媒人商議着要搶媒人說我不認得你家弟媳婦你須是說出个記認施美卿說每日清早上是我弟媳婦出來屋後抱柴你明日家人伏在那里遇着就搶罷了衆人依計而行到第二日搶了家去不想那二日早弟媳婦不曾出來是他乃眷抱柴衆人就搶了去隔着三四十里路已是睡了一晚施美卿來要討他的老婆這里不肯施美卿告了狀如今那邊要訴却因講親的時節不曾寫个婚書沒有憑據而今要寫一个鄉里人不在行來同老爹商議還有這衙門裏事都託

老爹料理有幾兩銀子送作使費潘三道這是甚麼要緊的事也這般大驚小怪你且坐着我等黃頭說話哩須臾王老六同黃球來到黃球見了那人道原來郝老二也在這里潘三道不相干他是說別的話因同黃球另在一張桌子上坐下王老六同郝老二又在一桌黃球道方纔這件事三老爹是怎个施爲潘三道他出多少銀子黃球道胡家說只要得這丫頭荷花他連使費一總乾净出二百兩銀子潘三道你想

賺他多少黃球道只要三老爹把這事辦的妥當我是好處多寡分幾兩銀子罷了難道我還同你老人家爭潘三道既如此罷了我家現住着一位樂清縣的相公他和樂清縣的太爺最好我託他去人情上弄一張回批來只說荷花已經解到交與本人領去了我這里再託人向本縣弄出一个硃籤來到路上將荷花趕回把與胡家這个方法何如黃球道這好的很了只是事不宜遲老爹就要去辦潘三道今日就有

硃籤你叫他把銀子作速取來黃球應諾同王老六去了潘三叫郝老二跟我家去當下兩人來家賭錢的還不曾散潘三看着賭完了送了衆人去出留下匡超人來道二相公你住在此我和你說話當下留在後面樓上起了一个婚書稿叫匡超人寫了把與郝老二看叫他明日拏銀子來取打發郝二去了吃了晚飯點起燈來念着回批叫匡超人寫了家裏有的是豆腐乾刻的假印取來用上又取出硃筆叫匡超人寫了一个赶回文書的硃籤辦畢拏出酒來對飲向匡超人道像這都是有些想頭的事也不枉費一番精神和那些獃瘟纏甚麽是夜留他睡下次早兩處都送了銀子來潘三收進去隨即拏二十兩銀子遞與匡超人叫他帶在寓處做盤費匡超人歡喜接了遇便人也帶些家去與哥添本錢書坊各店也有些文章請他選潘三一切事都帶着他分幾兩銀子身上漸漸光鮮果然聽了潘三的話和那邊的名士來往稀

少不覺住了將及兩年一日潘三走來道二相公好幾日不會同你往街上吃三杯匡超人鎖了樓門同走上街纔走得幾步只見潘家一个小厮尋來了說有客在家裏等三爺說話潘三道二相公你就同我家去當下同他到家請匡超人在裏間小客座裏坐下潘三同那人在外邊潘三道李四哥許久不見一向在那里李四道我一向在學道衙門前今有一件事回來商議怕三爺不在家而今會着三爺這事不愁不

妥了潘三道你又甚麼事搗鬼話同你共事你是馬蹄刀瓢裏切菜滴水也不漏總不肯放出錢來李四道這事是有錢的潘三道你且說是甚麼事李四道目今宗師按臨紹興了有个金東崖在部裏做了幾年衙門掙起幾个錢來而今想兒子進學他兒子叫做金躍却是一字不通的考期在即要尋一个替身這位學道的關防又嚴須是想出一个新法子來這事所以要和三爺商議潘三道他願出多少銀子李四道

紹興的秀才足足值一千兩一个他如今走小路一半也要他五百兩只是眼下且難得這一个替考的人又必定是怎樣裝一个何等樣的人進去那替考的筆資多少衙門裏使費共是多少剩下的你我怎樣一个分法潘三道通共五百兩銀子你還想在這裏頭分一个分子這事就不必講了你只好在他那邊得些謝禮這里你不必想李四道三爺就依你說也罷了到底是怎个做法潘三道你總不要管替考的人也在我衙門裏打點也在我你只叫他把五百兩銀子兌出來封在當鋪裏另外拿三十兩銀子給我做盤費我總包他一个秀才若不得進學五百兩一絲也不動可妥當麼李四道這没的說了當下說定約着日子來封銀子潘三送了李四出去回來向匡超人說道二相公這个事用的着你了匡超人道我方纔聽見的用着我只好替考但是我還是坐在外面做了文章傳遞還是竟進去替他考若要進去替他考我

竟没有這樣的胆子潘三道不妨有我哩我怎肯害你且等他封了銀子來我少不得同你往紹興去當晚别了回寓過了幾日潘三果然來搬了行李同行過了錢塘江一直來到紹興府在學道門口尋了一个僻静巷子寓所住下次日李四帶了那童生來會一會潘三打聽得宗師挂牌考會稽了三更時分帶了匡超人悄悄同到班房門口拿出一頂高黑帽一件青布衣服一條紅搭包來叫他除了方巾脫了衣裳就將這一套行頭穿上附耳低言如此如此不可有誤把他送在班房潘三拿着衣帽去了交過五鼓學道三炮升堂超人手執水火棍跟了一班軍牢夜役吆喝了進去排班站在二門口學道出來點名點到童生金躍匡超人遞个眼色與他那童生是照會定了的便不歸號悄悄站在黑影裏匡超人就退下幾步到那童生跟前躲在人背後把帽子除下來與童生戴着衣服也彼此換過來那童生執了水火棍站在那里

匡超人捧卷歸號做了文章放到三四牌纔交卷出去回到下處神鬼也不知覺發案時候這金躍高高進了潘三同他回家拏二百兩銀子以爲筆資潘三道二相公你如今得了這一注橫財這就不要花費了做些正經事匡超人道甚麽正經事潘三道你現今服也滿了還不曾娶个親事我有一个朋友姓鄭在撫院大人衙門裏這鄭老爹是个忠厚不過的人父子都當衙門他有第三个女兒託我替他做个媒我一

向也想着你年貌也相當一向因你沒錢我就不曾認真的替你說如今只要你情願我一說就是妥的你且落得招在他家一切行財下禮的費用我還另外幫你些匡超人道這是三哥極相愛的事我有甚麽不情願只是現有這銀子在此爲甚又要你費錢潘三道你不曉得你這丈人家淺房窄屋的招進去料想也不久要留些銀子自已尋兩間房子將來添一个人吃飯又要生男育女却比不得在客邊了我和你

是一个人再幫你幾兩銀子分甚麽彼此你將來發達了愁爲不着我的情也怎的匡超人着實感激潘三果然去和鄭老爹說取了庚帖來只問匡超人要了十二兩銀子去換幾件首飾做四件衣服過了禮去擇定十月十五日入贅到了那日潘三備了幾碗菜請他來吃早飯吃着向他說道二相公我是媒人我今日送你過去這一席子酒就算你請媒的了匡超人聽了也笑吃過叫匡超人洗了澡裏裏外外都換了一身新衣服頭上新方巾脚下新靴潘三又拿出一件新寶藍緞直裰與他穿上吉時已到叫兩乘轎子兩人坐了轎前一對燈籠竟來入贅鄭老爹家住在巡撫衙門傍一个小巷內一間門面到底三間那日新郎到門那里把門關了潘三拿出二百錢來做開門錢然後開了門鄭老爹迎了出來翁壻一見纔曉得就是那年回去同船之人這一番結親眞是夙因當下匡超人拜了丈人又進去拜了丈母阿舅都平磕了

頭鄭家設席管待潘三喫了一會辭別去了鄭家把匡超人請進新房見新娘端端正正好个相貌滿心歡喜合巹成親不必細說次早潘三又送了一席酒來與他謝親鄭家請了潘三來陪吃了一日荏苒滿月鄭家屋小不便居住潘三替他在書店左近典了四間屋價銀四十兩又買了些桌椅傢伙之類搬了進去請請鄰居買兩石米所存的這項銀子已是一空還虧事事都是潘三幫襯辦的便宜又還虧書店尋着

選了兩部文章有幾兩選金又有樣書賣了些將就度日到得一年有餘生了一个女兒夫妻相得一日正在門首閑站忽見一个青衣大帽的人一路問來問到跟前說道這裏可是樂清匡相公家匡超人道正是合駕那里來的那人道我是給事中李老爺差往浙江有書帶與匡相公匡超人聽見這話忙請那人進到客位坐下取書出來看了纔知就是他老師因被參發審審的參款都是虛情依舊復任未及數月行

取進京授了給事中這番寄書來約這門生進
京要照看他匡超人留來人酒飯寫了稟啟說
蒙老師呼喚不日整理行裝即來趨教打發去
了隨即接了他哥匡大的書子說宗師按臨溫
州齊集的牌已到叫他回來應考匡超人不敢
怠慢向渾家說了一面接丈母來做伴他便收
拾行裝去應歲考考過宗師着實稱贊取在一
等第一又把他題了優行貢入太學肄業他歡
喜謝了宗師宗師起馬送過依舊回省和潘三

商議要回樂清鄉里去掛匾豎旗杆到織錦店
里織了三件補服自己一件母親一件妻子一
件製備停當正在各書店裏約了一个會每位
三兩各家又另外送了賀禮正要擇日回家那
日景蘭江走來候候就邀在酒店裏吃酒吃酒
中間匡超人告訴他這些話景蘭江着實羨了
一回落後講到潘三身上來景蘭江道你不曉
得麽匡超人道甚麽事我不曉得景蘭江道潘
三昨晚拿了已是下在監裏匡超人大驚道那

有此事我昨日午間纔會着他怎麽就拿了景蘭江道千真萬確的事不然我也不知道我有一个舍親在縣裏當刑房今早是舍親小生日我在那里祝壽滿座的人都講這話我所以聽見竟是撫臺訪牌下來縣尊刻不敢緩三更天出差去拿還恐怕他走了將前後門都鬪起來登時拏到縣尊也不曾問甚麽只把訪的欵單攢了下來把與他看他看了也没的辯只朝上磕了幾个頭就送在監裏去了纔走得幾步到

了堂口縣尊叫差人回來吩咐寄內號同大盜在一處這人此後苦了你若不信我同你到舍親家去看看欵單匡超人道這个好極費先生的心引我去看一看訪的是些甚麽事當下兩人會了賬出酒店一直走到刑房家那刑房姓蔣家裏還有些客坐着見兩人來請在書房坐下問其來意景蘭江說道敝友要借縣裏昨晚拏的潘三那人欵單看看刑房拏出欵單來這單就粘在訪牌上那訪牌上寫道訪得潘自業

即潘三本市井奸棍借藩司衙門隱佔身體把持官府包攬詞訟廣放私債毒害良民無所不為如此惡棍豈可一刻容留于光天化日之下為此牌仰該縣即將本犯拿獲嚴審究報以便按律治罪毋違火速火速那款單上開着十幾款一包攬欺隱錢粮若干兩一私和人命幾案一短截本縣印文及私動硃筆一案一假雕印信若干顆一拐帶人口幾案一重利剝民威逼平人身死幾案一勾串提學衙門買囑鎗手代

考幾案不能細述匡超人不看便罷看了這款單不覺颼的一聲魂從頂門出去了只因這一番有分教師生有情意再締絲蘿朋友各分張難言蘭臭畢竟後事如何且聽下回分解

此為專為寫潘三而設夫潘三不過一市井之徒其行事本不必深責然余獨賞其爽快瀏亮敢作敢為較之子曰行中鄙瑣齷齪之輩相去不啻天壤讀竟不覺為之三歎曰嗟乎作者之命意至深遠矣夫造物之生人各

賦以耳目手足苟非頑然不靈孰肯束縛拮
據而甘守飢寒以轉死于溝壑哉故先王之
用人也上而卿大夫下而府史胥徒雖一材
一藝皆得有以自效而不忍使之見棄于世
自科舉之法行非三場得手兩榜出身者慨
謂之曰濁流異途乃其人自顧亦不敢與清
流正途者相次比而其中一二桀驁者既挾
其聰明才智自分無可為出頭之地遂不得
不干犯當時之文網巧取人間之富厚法令

滋張而奸盜不息豈盡人之自喪其天良歟
抑亦上之人有以歐之使然也嗚呼可勝嘆
哉

儒林外史第十九回

儒林外史第二十回

匡超人高興長安道　牛布衣客死蕪湖關

話說匡超人看了款单登時面如土色眞是分開兩扇頂門骨無數凉冰澆下來口裏說不出自心下想道這些事也有兩件是我在裏面的倘若審了根究起來如何了得當下同景蘭江別了刑房回到街上景蘭江作別去了匡超人到家躊躇了一夜不曾睡覺娘子問他怎的他不好眞說只說我如今貢了要到京裏去做官你獨自在這裏住着不便只好把你送到樂清

家裏去你在我母親跟前我便往京裏去做官做的興頭再來接你上任娘子道你去做官罷了我自在這里接了我媽來做伴你叫我到鄉里去我那里住得慣這是不能的匡超人道你有所不知我在家裏日逐有幾个活錢我去之後你日食從何而來老爹那邊也是艱難日子他那有閒錢養活女兒待要把你送在娘家住那里房子窄我而今是要做官的你就是誥命

夫人住在那地方不成體面不如還是家去好現今這房子轉的出四十兩銀子我拏幾兩添着進京剩下的你帶去放在我哥店裏你每日支用我家那裏東西又賤雞魚肉鴨日日有的有甚麼不快活娘子再三再四不肯下鄉他終日來逼逼的急了哭喊吵鬧了幾次他不管娘子肯與不肯竟託書店裏人把房子轉了拏了銀子回來娘子到底不肯去他請了丈人丈母來勸丈母也不肯那丈人鄭老爹見女婿就要

做官責備女兒不知好歹着實教訓了一頓女兒拗不過方纔允了叫了一隻船把些家伙什物都搬在上匡超人託阿舅送妹子到家寫字與他哥說將本錢添在店裏逐日支銷擇个日子動身娘子哭哭啼啼拜别父母上船去了匡超人也收拾行李來到京師見李給諫給諫大喜問着他又補了廩以優行貢入太學益發喜極向他說道賢契目今朝廷考取教習學生料理包管賢契可以取中你且將行李搬在我寓處

來盤桓幾日匡超人應諾搬了行李來又過了幾時給諫問匡超人可曾婚娶匡超人暗想老師是位大人在他面前說出丈人是撫院的差恐惹他看輕了笑只得答道還不曾給諫道恁大年紀尚不曾取也是男子漢摽梅之候了但這事也在我身上次晚遣一个老成管家來到書房裏向匡超人說道家老爺拜上匡爺因昨日談及匡爺還不曾恭喜取過夫人家老爺有一外甥女是家老爺夫人自小撫養大的今年十九歲才貌出衆現在署中家老爺意欲招匡爺爲甥壻一切恭喜費用俱是家老爺備辦不消匡爺費心所以着小的來向匡爺叩喜匡超人聽見這話嚇了一跳思量要回他說已經娶過的前日却說過不曾但要允他又恐理上有礙又轉一念道戲文上說的蔡狀元招贅牛相府傳爲佳話這有何妨卽便應允了給諫大喜進去和夫人說下擇了吉日張燈結彩倒賠數百金裝奩把外甥女嫁與匡超人到那一日大

吹大擂匡超人紗帽圓領金帶皁靴先拜了給
諫公夫婦一派細樂引進洞房揭去方巾見那
新娘子辛小姐眞有沈魚落雁之容閉月修花
之貌人物又標致嫁裝又齊整匡超人此時恍
若親見瑤宮仙子月下嫦娥那魂靈都飄在九
霄雲外去了自此珠圍翠繞宴爾新婚享了幾
个月的天福不想教習考取要回本省地方取
結匡超人沒奈何含着一包眼淚只得別過了
辛小姐回浙江來一進杭州城先到他原舊丈

人鄭老爹家來進了鄭家門這一驚非同小可
只見鄭老爹兩眼哭得通紅對面客坐上一人
便是他令兄匡大裏邊丈母嚎天喊地的哭匡
超人嚇癡了向丈人作了揖便問哥幾時來的
老爹家爲甚事這樣哭匡大道你且搬進行李
來洗臉吃茶慢慢和你說匡超人洗了臉走進
去見丈母被丈母敲桌子打板凳哭着一場數
說總是你這天災人禍的把我一个嬌滴滴的
女兒生生的送死了匡超人此時纔曉得鄭氏

娘子已是死了忙走出來問他哥匡大道自你去後弟婦到了家裏爲人最好母親也甚歡喜那想他省裏人過不慣我們鄉下的日子況且你嫂子們在鄉下做的事弟婦是一樣也做不來又沒有个白白坐着反叫婆婆和嫂子伏侍他的道理因此心裏着急吐起血來靠大娘的身子還好倒反照顧他他更不過意一日兩兩日三鄉裏又沒个好醫生病了不到一百天就不在了我也是纔到所以鄭老爹鄭太太聽見

了哭匡超人聽見了這些話止不住落下幾點淚來便問後事是怎樣辦的匡大道弟婦一倒了頭家裏一个錢也沒有我店裏是騰不出來就算騰出些須來也不濟事無計奈何只得把預備着娘的衣衾棺木都把與他用了匡超人道這也罷了匡大道裝殮了家裏又沒處停只得權厝在廟後等你同來下土你如今來得正好作速收拾收拾同我同去匡超人道還不是下土的事哩我想如今我還有幾兩銀子大哥

挐回去在你弟婦墳基上替他多添兩層厚磚砌的堅固些也還過得幾年方纔老爹說的他是个誥命夫人到家請會畫的替他追个像把鳳冠補服畫起來逢時遇節供在家裏叫小女兒燒香他的魂靈也歡喜就是那年我做了家去與娘的那件補服若本家親戚們家請酒叫娘也穿起來顯得與衆人不同哥將來在家也要叫人稱呼老爺凡事立起體統來不可自己倒了架子我將來有了地方少不得連哥嫂都

接到任上同享榮華的匡大被他這一番話說得眼花瞭亂渾身都酥了一總都依他說晚間鄭家備了个酒吃過同在鄭家住下次日上街買些東西匡超人將幾十兩銀子遞與他哥又過了三四日景蘭江同着刑房的蔣書辦找了來說話見鄭家房子淺要邀到茶室裏去坐匡超人近日口氣不同雖不說意思不肯到茶室景蘭江揣知其意說道匡先生在此取結赴任恐不便到茶室裏去坐小弟而今正要替先生

接風我們而今竟到酒樓上去坐罷還冠冕些
當下邀二人上了酒樓斟上酒來 景蘭江問道
先生你這教習的官可是就有得選的麼匡超
人道怎麼不選像我們這正途出身考的是內
廷教習每日教的多是勳戚人家子弟景蘭江
道也和平常教書一般的麼匡超人道不然不
然我們在裏面也和衙門一般公座硃墨筆硯
擺的停當我早上進去陞了公座那學生們送
書上來我只把那日子用硃筆一點他就下去

了學生都是蔭襲的三品以上的大人出來就
是督撫提鎮都在我跟前磕頭像這國子監的
祭酒是我的老師他就是現任中堂的兒子中
堂是太老師前日太老師有病滿朝問安的官
都不見單只請我進去坐在床沿上談了一會
出來蔣刑房等他說完了慢慢提起來說潘三
哥在監裏前日再三和我說聽見尊駕回來了
意思要會一會敘敘苦情不知先生你意下何
如匡超人道潘三哥是個豪傑他不曾遇事時

會着我們到酒店裏坐坐鴨子是一定兩隻還有許多羊肉猪肉雞魚像這店裏錢數一賣的菜他都是不吃的可惜而今受了累本該竟到監裏去看他一看只是小弟而今比不得做諸生的時候既替朝廷辦事就要照依着朝廷的賞罰若到這樣地方去看人便是賞罰不明了蔣刑房道這本城的官並不是你先生做着你只算去看看朋友有甚麼賞罰不明匡超人道二位先生這話我不該說因是知己面前不妨

潘三哥所做的這些事便是我做地方官我也是要訪拿他的如今倒反走進監去看他難道說朝廷處分的他不是這就不是做臣子的道理了況且我在這里取結院裏司裏都知道的如今設若走一走傳的上邊知道就是小弟一生官場之玷這個如何行得可好費你蔣先生的心多拜上潘三哥凡事心照若小弟僥倖這回去就得個肥美地方到任一年半載那時帶幾百銀子來幫襯他到不值甚麼兩人見他說

得如此大約沒得辯他吃完酒各自散訖蔣刑房自到監裏回覆潘三去了匡超人取定了結也便收拾行李上船那時先包了一隻淌板船的頭艙包到揚州在斷河頭上船上得船來中艙先坐着兩个人一个老年的藍紬直裰絲縧朱履一个中年的寶藍直裰粉底皂靴都戴着方巾匡超人見是衣冠人物便同他拱手坐下問起姓名那老年的道賤姓牛草字布衣匡超人聽見景蘭江說過的便道久仰又問那一位

牛布衣代答道此位馮先生尊字琢菴乃此科新貴往京師會試去的匡超人道牛先生也進京麼牛布衣道小弟不去要到江上邊蕪湖縣地方尋訪幾个朋友因與馮先生相好偶爾同船只到揚州弟就告別另上南京船走長江去了先生仙鄉貴姓今往那裏去的匡超人說了姓名馮琢菴道先生是浙江選家尊選有好幾部弟都是見過的匡超人道我的文名也夠了自從那年到杭州至今五六年考卷墨卷房書

行書名家的稿子還有四書講書五經講書古文選本家裏有个賬共是九十五本弟選的文章每一回出書店定要賣掉一萬部山東山西河南陝西北直的客人都爭着買只愁買不到手還有個拙稿是前年刻的而今已經翻刻過三副板不瞞二位先生說此五省讀書的人家家隆重的是小弟都在書案上香火蠟燭供着先儒匡子之神位牛布衣笑道先生你此言誤矣所謂先儒者乃已經去世之儒者今先生尚

在何得如此稱呼匡超人紅着臉道不然所謂先儒者乃先生之謂也牛布衣見他如此說也不和他辯馮琢菴又問道操選政的還有一位馬純上選手何如匡超人道這也是弟的好友這馬純兄理法有餘才氣不足所以他的選本也不甚行選本總以行爲主若是不行書店就要賠本惟有小弟的選本外國都有的彼此談着過了數日不覺已到揚州馮琢菴匡超人換了淮安船到王家營起旱進京去了牛布衣獨

只搭江船過了南京來到蕪湖尋在浮橋口一个小庵內作寓這庵叫做甘露庵門面三間中間供着一尊韋馱菩薩左邊一間鎖着堆些柴草右邊一間做走路進去一个大院落大殿三間殿後兩間房一間是本庵一个老和尚自己住着一間便是牛布衣住的客房牛布衣日間出去尋訪朋友晚間點了一盞燈吟哦些甚麽詩詞之類老和尚見他孤踪時常煨了茶送在他房裏陪着說話到一二更天若遇清風明月

的時節便同他在前面天井裏談說古今的事務甚是相得不想一日牛布衣病倒了請醫生來一連吃了幾十帖藥總不見效那日牛布衣請老和尚進房來坐在床沿上說道我離家一千餘里客居在此多蒙老師父照顧不想而今得了這个拙病眼見得不濟事了家中並無兒女只有一个妻子年紀還不上四十歲前日和我同來的一个朋友又進京會試去了而今老師父就是至親骨肉一般我這床頭箱內有六

兩銀子我若死去卽煩老師父替我買具棺木還有幾件粗布衣服拏去變賣了請幾衆師父替我念一卷經超度我生天棺柩便尋那里一塊空地把我寄放着材頭上寫大明布衣牛先生之柩不要把我燒化了倘得遇着个故鄉親戚把我的喪帶回去我在九泉之下也是感激老師父的老和尚聽了這話那眼淚止不住紛紛的落了下來說道居士你但放心說凶得吉你若果有些山高水低這事都在我老僧身上牛布衣又掙起來朝着床裏面席子下拏出兩本書來遞與老和尚道這兩本是我生平所做的詩雖沒有甚麼好却是一生相與的人都在上面我捨不得湮沒了也交與老師父又幸遇着个後來的才人替我流傳了我死也瞑目老和尚雙手接了見他一絲兩氣甚不過意連忙到自已房裏煎了些龍眼蓮子湯拏到床前扶起來與他喫已是不能喫了勉强呷了兩口湯仍舊面朝床裏睡下捱到晚上痰響了一陣喘

息一回嗚呼哀哉斷氣身亡老和尚大哭了一場此時乃嘉靖九年八月初三日天氣尚熱老和尚忙取銀子去買了一具棺木來拏衣服替他換上央了幾个庵隣七手八脚在房裏入殮百忙裏老和尚還走到自己房裏披了袈裟拏了手磬子到他柩前來念往生咒裝殮停當老和尚想那裏去尋空地不如就把這間堆柴的屋騰出來與他停柩和鄰居說了脫去袈裟同鄰居把柴搬到大天井裏堆着將這屋安放了靈柩取一張桌子供奉香爐燭台魂旛俱各停當老和尚伏着靈桌又哭了一場將衆人安在大天井裏坐着煑起幾壺茶來喫着老和尚煑了一頓粥打了一二十斤酒買些麪斤豆腐乾青菜之類到庵與及一个隣居燒鍋老和尚自已安排停當先捧到牛布衣柩前奠了酒拜了幾拜便拏到後邊與衆人打散老和尚道牛先生是个異鄉人今日回首在這里一些甚麽也没有貧僧一个人支持不來阿彌陀佛却是起

動衆位施主來忙了恁一天出家人又不能備个甚麽肴饌只得一杯水酒和些素菜與列位坐坐列位只當是做好事罷了休嫌怠慢衆人道我們都是烟火鄰居遇着這樣大事理該效勞却又還破費老師父不當人子我們衆人心裏都不安老師父怎的反說這話當下衆人把那酒菜和粥都吃完了各自散訖過了幾日老和尚果然請了吉祥寺八衆僧人來替牛布衣拜了一天的梁皇懺自此之後老和尚每日早晚課誦開門關門一定到牛布衣柩前添些香洒幾點眼泪那日定更時分老和尚晚課已畢正要關門只見一个十七八歲的小厮右手拿着一本經摺左手拏着一本書進門來坐在韋駝脚下映着琉璃燈便念老和尚不好問他由他念到二更多天去了老和尚關門睡下次日這時候他又來念一連念了四五日老和尚忍不住了見他進了門上前問道小檀越你是誰家子弟因甚每晚到貧僧這庵裏來讀書這是

甚麼緣故那小厮作了一个揖叫聲老師父又手不離方寸說出姓名來只因這一番有分教立心做名士有志者事竟成無意整家園創業者成難守畢竟這小厮姓甚名誰且聽下回分解

此寫匡超人甫得優貢即改變初志器小易盈種種惡賴與太公臨死遺言一一返對潘三之該殺該剮朝廷得而殺剮之士師得而殺剮之匡超人不得而殺剮之也匪惟不

得而殺剮之斯時爲超人者必將爲之送茶飯焉求救援焉納贖鍰焉以報平生厚我之意然後可耳乃居然借口昧心以爲代朝廷行賞罰且甚而曰使我當此亦須訪拿此眞狼子野心蛇蠍螫毒未有過于此人者昔蔡伯喈伏董卓之尸而哭之而君子不以爲非者以朋友自有朋友之情也使天下之人盡如匡超人之爲人而朋友之道苦矣

儒林外史第二十回

儒林外史第二十一回

冒姓氏小子求名　念親戚老夫卧病

話說牛浦郎在甘露庵裏讀書老和尚問他姓名他上前作了一个揖說道老師父我姓牛舍下就在這前街上住因當初在浦口外婆家長的所以小名就叫做浦郎不幸父母都去世了只有个家祖年紀七十多歲開个小香蠟店胡亂度日每日叫我拏這經摺去討些賒賬我打從學堂門口過聽見念書的聲音好聽因在店

裡偷了錢買這本書來念却是吵鬧老師父了老和尚道我方纔不是說的人家拏大錢請先生教子弟還不肯讀像你小檀越偷錢買書念這是極上進的事但這裏地下冷又琉璃燈不甚明亮我這殿上有張桌子又有个燈掛兒你何不就著那裏去念也覺得爽快些浦郎謝了老和尚跟了進來果然一張方桌上面一个油燈掛甚是幽靜浦郎在這邊廂讀書老和尚在那邊打坐每晚要到三更天一日老和尚聽見

他念書走過來問道小檀越我只道你是想應考要上進的念頭故買這本文章來念而今聽見你念的是詩這个郤念他則甚浦郎道我們經紀人家那裏還想甚麽應考上進只是念兩句詩破破俗罷了老和尚見他出語不俗便問道你看這詩講的來麽浦郎道講不來的也多若有一兩句講的來不由的心裏覺得歡喜老和尚道你既然歡喜再念幾時我把兩本詩與你看包你更歡喜哩浦郎道老師夫有甚麽詩

何不與我看老和尚笑道且慢等你再想幾時着又過了些時老和尚下鄉到人家去念經有幾日不回來把房門鎖了殿上託了浦郎浦郎自心裏疑猜老師夫有甚麽詩郤不肯就與我看哄我想的慌仔細算來三討不如一偷趂老和尚不在家到晚把房門掇開走了進去見桌上擺著一座香爐一个燈盞一串念珠桌上放著些廢殘的經典翻了一交那有个甚麽詩浦郎疑惑道難道老師夫哄我又尋到牀上尋著

一个枕箱一把銅鎖鎖著浦郎把鎖捵開見裏面重重包裹兩本錦面線裝的書上寫牛布衣詩稿浦郎喜道這个是了慌忙拏了出來把枕箱鎖好走出房來房門依舊關上將這兩本書拏到燈下一看不覺眉花眼笑手舞足蹈的起來是何緣故他平日讀的詩是唐詩文理深奥他不甚懂這个是時人的詩他看著就有五六分解的來故此歡喜又見那題目上都寫著呈相國某大人懷督學周大人婁公子偕遊鶯脰湖分韻兼呈令兄通政與魯太史話別寄懷王觀察其餘某太守某司馬某明府某少尹不一而足浦郎自想這相國督學太史通政以及太守司馬明府都是而今的現任老爺們的稱呼可見只要會做兩句詩並不要進學中舉就可以同這些老爺們往來何等榮耀因想他這人姓牛我也姓牛他詩上只寫了牛布衣並不曾有个名字何不把我的名字合著他的號刻起兩方圖書來印在上面這兩本詩可不算了我

的了我從今就號做牛布衣當晚回家盤算喜了一夜次日又在店裏偷了幾十个錢走到吉祥寺門口一个刻圖書的郭鐵筆店裏櫃外和郭鐵筆拱一拱手坐下說道要費先生的心刻兩方圖書郭鐵筆遞過一張紙來道請寫尊銜浦郎把自已小名去了一个郎字寫道一方陰文圖書刻牛浦之印一方陽文刻布衣二字郭鐵筆接在手內將眼上下把浦郎一看說道先生便是牛布衣麼浦郎答道布衣是賤字郭鐵

筆慌忙爬出櫃臺來重新作揖請坐奉過茶來說道久已聞得有位牛布衣住在甘露庵容易不肯會人相交的都是貴官長者失敬失敬尊章即鐫上獻醜筆資也不敢領此處也有幾位朋友仰慕先生改日同到貴寓拜訪浦郎恐他走到庵裏看出交象只得順口答道極承先生見愛但目今也因鄰郡一位當事約去做詩還有幾時就閣只在明早就行先生且不必枉駕索性回來相聚罷圖書也是小弟明早來領郭

鐵筆應諾了浦郎次日討了圖書印在上面藏的好好的每晚仍在庵裏念詩他祖父牛老兒坐在店裏那日午後没有生意鬭壁開米店的一位卜老爹走了過來坐著說閒話牛老爹店裏賣的有現成的百益酒盪了一壺撥出兩塊豆腐乳和些筍乾大頭菜擺在櫃臺上兩人吃著卜老爹道你老人家而今也罷了生意這幾年也還興你令孫長成人了著實伶俐去得你老人家有了接代將來就是福人了牛老道老哥告訴你不得我老年不幸把兒子媳婦都亡化了丟下這个孽障種子還不曾娶得一个孫媳婦今年已十八歲了每日叫他出門討賒賬討到三更半夜不來家說著也不信不是一日了恐怕這厮知識開了在外没脊骨鑽狗洞淘淥壞了身子將來我這幾根老骨頭却是叫何人送終說著不覺悽惶起來卜老道這也不甚難擺劃的事假如你焦他没有房屋何不替他娶上一个孫媳婦一家一計過日子這也前後

免不得要做的事牛老道老哥我這小生意日用還餬不過來那得這一項銀子做這一件事卜老沉吟道如今到有一頭親事不知你可情願若情願時一个錢也不消費得牛老道却是那里有這一頭親事卜老道我先前有一个小女嫁在運漕賈家不幸我小女病故了女壻又出外經商遺下一个外甥女是我領來養在家裏倒大令孫一歲今年十九歲了你若不棄嫌就把與你做个孫媳婦你我愛親做親我不爭

你的財禮你也不爭我的裝奩只要做幾件布草衣服況且一牆之隔打開一个門就攙了過來行人錢都可以省得的牛老聽罷大喜道極承老哥相愛明日就央媒到府上來求卜老道這个又不是了又不是我的孫女兒我和你這些客套做甚麼如今主親也是我媒人也是我只費得你兩个帖子我那里把庚帖送過來你請先生擇一个好日子就把這事完成了牛老聽罷忙斟了一杯酒送過來出席作了一个揖

當下說定了卜老過去到晚牛浦回來祖父把卜老爹這些好意告訴了一番牛浦不敢違拗次早寫了兩副紅全帖一副拜卜老爲媒一副拜姓賈的小親家那邊收了發過庚帖來牛老請陰陽徐先生擇定十月二十七日吉期過門牛老把囤下來的幾石粮食變賣了做了一件綠布棉襖紅布棉裙子青布上蓋紫布褲子共是四件暖衣又換了四樣首飾三日前送了過去到了二十七日牛老淸晨起來把自已的被

褥搬到櫃臺上去睡他家只得一間半房子半間安著櫃臺一間做客座客座後半間就是新房當日牛老讓出牀來就同牛浦把新做的帳子被褥鋪疊起來又勻出一張小桌子端了進來放在後簷下有天牕的所在好趁著亮放鏡子梳頭房裏停當把後面天井內搭了个蘆蓆的厦子做厨房忙了一早晨交了錢與牛浦出去買東西只見那邊卜老爹已是料理了些鏡子燈臺茶壺和一套盆桶兩个枕頭叫他大兒

子卜誠做了一担挑了來挑進門放下和牛老作
了揖牛老心裏著實不安請他坐下忙走到櫃
裏面一个罐內倒出兩塊橘餅和些蜜餞天茄
斟了一杯茶雙手遞與卜誠說道却是有勞的
緊了使我老漢坐立不安卜誠道老伯快不要
如此這是我們自已的事說罷坐下喫茶只見
牛浦戴了新瓦楞帽身穿青布新直裰新鞋淨
襪從外面走了進來後邊跟著一个人手裏提
著幾大塊肉兩个鷄一大尾魚和些閩筍芹菜

之類他自已手裏捧著油鹽作料走了進來牛
老道這是你舅丈人快過來見禮牛浦丟下手
裏東西向卜誠作揖下跪起來數錢打發那挐
東西的人自捧著作料送到厨下去了隨後卜
家第二个兒子卜信端了一个箱子內裏盛的
是新娘子的針線鞋面又一个大捧盤十杯高
菓子茶送了過來以為明早拜堂之用牛老留
著喫茶牛浦也拜見過了卜家弟兄兩个坐了
一回拜辭去了牛老自到厨下收拾酒席足忙

了一天到晚上店裏拿了一對長枝的紅蠟燭點在房裏每枝上插了一朶通草花央請了鄰居家兩位奶奶把新娘子攙了過來在房裏拜了花燭牛老安排一席酒菜在新人房里與新人和攙新人的奶奶坐自己在客坐內擺了一張桌子點起蠟燭來杯箸安排停當請得卜家父子三位來到牛老先斟了一杯酒奠了天地再滿滿斟上一杯捧在手裏請卜老轉上說道這一門親蒙老哥親家相愛我做兄弟的知感

不盡卻是窮人家不能備个好席面只得這一杯水酒又還要屈了二位舅爺的坐凡事總是海涵了罷說著深深作下揖去卜老還了禮牛老又要奉卜誠卜信的席兩人再三辭了作揖坐下牛老道實是不成个酒饌至親面上休要笑話只是還有一說我家別的沒有茶葉和炭還有些須如今煨一壺好茶留親家坐著談談到五更天讓兩口兒出來磕个頭也盡我兄弟一點窮心卜老道親家外甥女年紀幼不知个

禮體他父親又不在跟前一些賠嫁的東西也沒有把我羞的要不的若說坐到天亮我自恁要和你老人家談談哩為甚麼要去當下卜誠卜信喫了酒先回家去卜老坐到五更天兩口兒打扮出來先請牛老在上磕下頭去牛老道孫兒我不容易看養你到而今而今多虧了你這外公公替你成就了親事你已是有了房屋了我從今日起就把店裏的事即交付與你一切買句賣句賒欠存留都是你自已主張我也

老了累不起了只好坐在店裏幫你照顧你只當尋个老夥計罷了孫媳婦是好的只願你們夫妻百年偕老多子多孫磕了頭起請卜老爹轉上受禮兩人磕下頭去卜老道我外孫女兒有甚不到處姑爺你指點他敬重上人不要違拗夫主的言家下沒有多人凡事勤慎些休惹老人家著急兩禮罷說著扶了起來牛老又留親家喫早飯卜老不肯辭別去了自此牛家嫡親三口兒度日牛浦自從娶親好些時不曾到

庵裏去那日出討縣賬順路往庵里走走纔到浮橋口看見庵門外拴著五六匹馬馬上都有行李馬牌子跟著走近前去看韋馱殿西邊櫈上坐著三四个人頭戴大氊帽身穿紬絹衣服左手拏著馬鞭子右手撚著鬍子脚下尖頭粉底皂靴蹺得高高的坐在那裏牛浦不敢進去老和尚在裏面一眼張見慌忙招手道小檀越你怎麽這些時不來我正要等你說話哩快些進來牛浦見他叫大著胆走了進去見和尚已

經將行李收拾停當恰待起身因喫了一驚道老師夫你收拾了行李要往那里去老和尚道這外面坐的幾个人是京裏九門提督齊大人那里差來的齊大人當時在京會拜在我名下而今他陞做大官特地打發人來請我到京裏報國寺去做方丈我本不願去因前日有个朋友死在我這裏他却有个朋友到京會試去了我今借這个便到京尋著他這个朋友把他的喪奔了回去也了我這一番心願我前日說有

兩本詩要與你看就是他的在我枕箱內我此時也不得功夫了你自開箱拏了去看還有一床褥子不好帶去還有些零碎器用都把與小檀越你替我照應著等我回來牛浦正要問詩那幾个人走進來說道今日天色甚早還趕得幾十里路請老師父快上馬休誤了我們走道見說著將行李撤出把老和尚簇擁上馬那幾个人都上了牲口牛浦送了出來只向老和尚說得一聲前途保重那一羣馬潑剌剌的如飛

一般也似去了牛浦望不見老和尚方纔回來自已查點一查點東西把老和尚鎖房門的鎖開了取了下來出門反鎖了庵門回家歇宿次日又到庵裏走走自想老和尚已去無人對証何不就認做牛布衣因取了一張白紙寫下五个大字道牛布衣寓內自此每日來走走又過了一个月他祖父牛老兒坐在店里閒著把賬盤一盤見欠賬上人欠的也有限了每日賣不上幾十文錢又都是柴米上支銷去了合共算

起本錢已是十去其七這店漸漸的撐不住了
氣的眼睁睁說不出話來到晚牛浦回家問著
他總歸不出一个清賬口裏只管之乎者也胡
支扯葉牛老氣成一病七十歲的人元氣衰了
又沒有藥物補養病不過十日壽數已盡歸天
去了牛浦夫妻兩口放聲大哭起來卜老聽了
慌忙走過來見屍首停在門上叫著老哥眼淚
如雨的哭了一場哭罷見牛浦在旁哭的言不
得語不得說道這時節不是你哭的事吩咐外

甥女兒看好了老爹你同我出去料理棺衾牛
浦揩淚謝了卜老當下同到卜老相熟的店裏
賒了一具棺材又拏了許多的布叫裁縫趕著
做起衣裳來當晚入殮次早雇了八个脚子抬
往祖墳安葬卜老又還替他請了陰陽徐先生
自已騎驢子同陰陽下去點了穴看著親家入
土又哭了一場同陰陽生回來留著牛浦在墳
上過了三日卜老一到家就有各項的人來要
錢卜老都許著直到牛浦回家歸一歸店裏本

錢只抵得棺材店五兩銀子其餘布店裁縫腳子的錢都沒處出無計奈何只得把自已住的間半房子典與浮橋上抽閘板的閘牌子得典價十五兩除還清了賬還剩四兩多銀子卜老叫他留著些到閏年清明替老爹成墳牛浦兩口子沒處住卜老把自已家裏出了一間房子叫他兩口兒搬來住下把那房子交與閘牌子去了那日搬來卜老還辦了幾碗菜替他暖房卜老也到他房裏坐了一會只是想著死的親

家就要哽哽咽咽的哭不覺已是除夕卜老一家過年兒子媳婦房中都有酒席炭火卜老先送了幾斤炭叫牛浦在房裏生起火來又送了一桌酒菜叫他除夕在房裏立起牌位來祭奠老爹新年初一日叫他到墳上燒紙錢去又說道你到墳上去向老爹說我年紀老了這天氣冷我不能親自來替親家拜年說著又哭了牛浦應諾了去卜老直到初三纔出來賀節在人家吃了幾杯酒和些菜打從浮橋口過見那閘

牌子家換了新春聯貼的花花碌碌的不由的一陣心酸流出許多眼淚來要家去忽然遇著姪女壻一把拉了家去姪女兒打扮著出來拜年拜過了留在房裏喫酒捧上糯米做的年團子來喫了兩个已經不喫了姪女兒苦勸著又喫了兩个回來一路迎著風就覺得有些不好到晚頭疼發熱就睡倒了請了醫生來看有說是著了氣氣裹了痰的也有說該發散的也有說該用溫中的也有說老年人該用補藥的紛紛不一卜誠卜信慌了終日看著牛浦一早一晚的進房來問安那日天色晚了卜老爹睡在牀上見牕眼里鑽進兩个人來走到床前手里拏了一張紙遞與他看問別人都說不會看見有甚麼人卜老爹接紙在手看見一張花邊批文上寫著許多人的名字都用硃筆點了一單共有三十四五个人頭一名牛相他知道是他親家的名字末了一名便是他自已名字卜崇禮再要問那人時把眼一眨人和票子都不見

只因這一番有分教結交官府致令親戚難依遨遊仕途幸遇宗誼可靠不知卜老性命如何且聽下回分解

牛浦想學詩只從相與老爺上起見是世上第一等卑鄙人物真乃自已沒有功名富貴而慕人之功名富貴者吾儒所謂巧言令色病於夏畦大雄所謂齩人矢橛不是好狗也牛卜二老者乃不識字之窮人也其爲人之懇摯交友之肫誠反出識字有錢者之上作

者於此等處所加意描寫其寄托良深矣竊財物者謂之賊竊聲名者亦謂之賊牛浦既竊老布衣之詩又竊老僧之鐃罄等件居然一賊矣故其開口便是賊談舉步便是賊事是書中第一等下流人物作者之所痛惡者也

儒林外史第二十一回